쿠키런 킹덤

⑤ 순례자의 길 하편

글 김강현 그림 김기수

글 김강현

종합학습만화지 〈보물섬〉에 수리과학 만화 〈홈즈VS루팡 수학대전〉과 예체능 만화 〈파이팅 야구왕〉을 연재했습니다. 저서로는 〈라바 에코툰〉, 〈코믹 드래곤 플라이트〉, 〈쿠키런 서바이벌 대작전〉, 〈신비아파트 한자 귀신〉, 〈잠뜰TV 픽셀리 초능력 히어로즈〉 등이 있습니다. 어린이들이 만화를 통해 상상력과 창의력을 키울 수 있도록 끊임없이 연구하며 글을 쓰고 있답니다.

그림 김기수

학습만화 단행본 〈코믹 귀혼〉, 〈카트라이더 수학 배틀〉, 〈테일즈런너 바다 생물 편〉, 〈코믹 서유기전〉, 〈마법천자문 영문법원정대〉, 〈메이플 매쓰〉, 〈쿠키런 서바이벌 대작전〉, 〈신비아파트 한자 귀신〉 등 어린이 학습만화를 그리고 있습니다. 어린이들이 즐겁고 재미있게 공부하고 꿈을 키울 수 있도록 멋진 그림을 그리고 있답니다.

캐릭터 소개

용감한 쿠키

기억을 잃고 달고나 마을에서 깨어난 쿠키.
생각의 별사탕을 찾기 위해 모험을 계속하다
과거 기억의 한 조각을 기억해 낸다.

호밀맛 쿠키

강력한 호밀 쌍권총을 휘두르며
나쁜 짓을 일삼는 쿠키나 몬스터에게
정의의 호밀 총알을 쏘아 댄다. 용감한 쿠키와
용의 길에서 만나 동료가 된다.

커스터드 3세맛 쿠키

백성과 함께하는 위대한 왕이 되고 싶어하는 쿠키.
나중에 왕국을 만들어 용감한 쿠키와
호밀맛 쿠키를 장관에 임명시키고 싶어 한다.

뱀파이어맛 쿠키

항상 의욕없는 행동과 말로 용감한 쿠키 일행의
기운을 빠지게 하지만 중요한 순간에 제 역할을 한다.
연금술사인 동생을 무서워한다.

독버섯맛 쿠키

느릿한 말투와 퀭한 눈으로 상대방의 의욕을
꺾기 일수인 쿠키. 모종의 이유로
용감한 쿠키의 일행이 되어 여행을 함께 하고 있다.

고독한맛 쿠키

거친 황야 지대에 혼자 살고 있는 쿠키.
순례자의 길에서 용감한 쿠키 일행의 길잡이 역할을 한다.

알로에맛 쿠키

순례자의 길의 바람 계곡에 살며 기술자로 불리는 쿠키.
놀라운 과학 기술을 가지고 있어 쿠키들을 종종
도와주지만 쿠키들과의 깊은 교류를 피한다.

감초맛 쿠키와
초코크림 늑대 망치맨

'위대한 분'을 부활시킬 열쇠로 용감한 쿠키를
이용하기 위해 그의 뒤를 바짝 쫓고 있다.

연금술사맛 쿠키

못 미더운 오빠 때문에 항상 걱정이 마를 날 없는 똑똑한 동생.
오빠를 찾기 위해 영웅의 관문 너머 바닐라 성소로 가려고 한다.

차 례

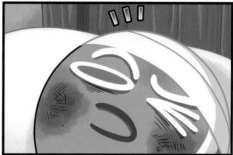

독버섯맛 쿠키는?

그대로 납치됐어….

자네는 일단 안정을 취해야 해! 폭탄으로 인해 아주 심한 상처를 입었어.

당신은 혹시…?

아까는 인사를 못했군. 이분이 바로 황설탕노움 님이셔.

여러 약초로 치료를 했지만 언제 아물지는 나도 장담할 수 없네.

아!

고맙습니다!

나는 이 마을의 보안관인 보안관맛 쿠키일세. 자네 정말 용감하더군.

아니에요. 일행이 납치되는 걸 막지도 못했어요.

근데 도대체 저들은 누군가요?

고블린들과 쿠키들이 함께 있던데….

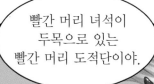

빨간 머리 녀석이
두목으로 있는
빨간 머리 도적단이야.

1년 전에
갑자기 나타나
강도 짓을 일삼는 아주
나쁜 녀석들이지.

이곳에 오자마자
바위 협곡의 동굴에 사는
고블린들과 한패가 됐어.
순례자의 길에 있는
여러 마을들을 습격해
은행을 털고
쿠키들을 공격하는 걸
보다 못한 우리는,

드디어
잡았다!

와아

얼마 전,
마을 쿠키들과
고독한맛 쿠키와 함께
아주 깊은 함정을 파서
도적단의 두목을 잡는데
성공했어.

감옥에 가둬 놓고
연방보안관이 데려가서
재판을 받게 하려 했는데,
부하들과 고블린들이
탈옥을 시킬 줄이야.

고블린들이 몰고 다니는
기계들과 폭탄은
어디서 구한 거예요?

누가 고블린들에게
저런 무기를
파는 거죠?

파는 게 아니야.
고블린들은 원래 기계를
잘 다루기로 유명하지.
한데 지금까지는 그런 기술을
광산을 개발하고 돈을 버는 데 썼다면
빨간 머리 녀석이 온 후로는
그 기술로 무기를 만들고 있어. 온갖
강하고 신기한 것들을 만들어서
그걸로 강도 짓을 하기
시작했지.

그들이 아무리 강하다 해도 이대로 당하고 있을 수는 없어요! 독버섯맛 쿠키도 구해야 하는데…

용감한 쿠키! 그럼 그 녀석들 말대로 이 마을의 금화를 독버섯맛 쿠키와 바꾸자는 거야?

소용 없어. 저런 악당들이 약속을 순순히 지킬 리가 없잖아!

금화를 가져가도 독버섯맛 쿠키는 절대 풀어 주지 않을 거야.

우리끼리 몰래 그들의 아지트로 들어가 구해 내고 빨간 머리 녀석도 반드시 잡아야 해!

그건 불가능하네!

왜 불가능하다고 하시는 거죠?

호밀 마을의 비극 ◆ 25

그들이 오라고 한 슈가프리로드 뒤쪽이 바로 고블린들의 아지트야! 그곳에는 고블린의 기술로 만들어진 수많은 함정들이 가득하다네.

운 좋게 거길 통과해 고블린의 아지트로 들어간다고 해도 그 안은 고블린이 아니면 벗어날 수 없는 끔찍한 미로로 되어 있어.

용감한 쿠키, 호밀맛 쿠키! 너희들 정말 독버섯맛 쿠키를 구하러 갈 거야?

무슨 소리야?

뱀파이어맛 쿠키를 구하지 않으면 우리한테 피해도 없고 오히려 이득 아닌가~?

…그만해!

나도 독비섯맛 쿠키를 그다지 좋아하진 않아. 하지만 누군가 위기에 처했을 때 무시한다면 내가 위험에 빠져도 도움을 받을 수 없을 거야.

내가 잘못했어.

흐음…. 그러면 고블린의 기계에 맞설 수 있도록 도와줄 텐데….

네? 그게 누군가요?

바람 계곡에 뛰어난 기계 기술자가 살고 있다네.

그의 기술은 고블린보다 훨씬 대단하다고 하지.

그럼 그분에게 도움을 청하면 되겠네요!

흠…. 그는 다른 쿠키를 싫어해서 아무도 만나려 하지 않아.

그래도 만나서 진심으로 부탁하면 들어주시지 않을까요?

그래! 아무것도 안 하는 것보단 희망이 있잖아!

그렇지!

자네들이 간다면 내가 그곳까지 안내하겠네.

그럼 기다리지 말고 빨리 출발하죠!

붕대는 거추장스러우니 풀어야겠어요!

안 되네! 상처가 더 벌어지면 큰일이야! 붕대를 거의 한 달은 하고 있어야 낫는 상처일세!

호밀 마을의 비극 ❖ 29

어…?

이제 하나도
안 아픈데요?

척

와~,
다 나았네!

황설탕노움
님의 치료술은
정말 대단해요!
고맙습니다!

아니, 그,
그것이….

저럴 수가…! 내가
발라 준 건 그냥 평범한
약초로 만든 연고인데…,
어떻게 그 심한 상처가
저리 빨리 깨끗하게
아물 수가 있단 말인가!

…그렇게
용감한 쿠키 일행은
최고의 기계 기술자를
만나러 바람 계곡으로
향하는데….

휘이이이

고독한맛 쿠키!
이곳이 왜
바람 계곡이에요?

그건
말이지.

휘오오오오

끄아아악!

붕

계곡 사이에
저런 돌풍이
불거든.

아….

저 친구는 안 찾아봐도 되나?

예~, 괜찮아요.

참, 아까 그 빨간 머리 도적단의 두목을 보고 뭐라고 한 거야? 아는 사이야?

깜짝!

자기가 알아서 올 거예요.

흠, 얼굴을 제대로 못 봐서 확신할 수는 없지만 그 빨간 머리카락을 잊을 수 없지.

칠리맛 쿠키….

칠리맛 쿠키?

우리 '호밀 마을'을 불태우고 보물을 훔쳐 사라진 극악무도한 도둑!

난 그 녀석을 잡기 위해 이렇게 세상을 떠돌고 있는 거야.

내가 태어나 자란 마을은 드넓은 호밀밭이 펼쳐진 아름다운 곳이었어. 호밀 농사를 지어 그것으로 호밀 빵, 호밀 주스, 호밀 아이스크림, 호밀 치킨, 호밀 빈대떡, 호밀 막국수 등을 만들어 팔아 생활하는 마을이지.

와~. 호밀로 별걸 다 만드는구나!

꿀꺽

대부분의 마을 사람들은 호밀 농사를 대대로 물려받아 농사꾼으로 살았지만 난 어릴 때부터 다른 꿈이 있었어!

나쁜 쿠키들을 잡는 쿠키가 될 거야!

받아라! 정의의 호밀 새총!

호밀맛 쿠키 5세

정의를 위해 일하고 싶다는 꿈 말이야!

결국 나는 커서 바운티 헌터가 되었지.

현상금이 걸린 흉악한 쿠키들을 잡으러 다니는 것이 내 일이었어.

그날도 다른 마을에서 현상 수배범을 잡고 우리 마을로 돌아가는 길이었는데…,

화르르

활 활

내 눈앞에 펼쳐진 건…, 불타는 호밀밭이었다.

정신을 차렸을 땐
칠리맛 쿠키와 빨간 머리 도적단은
이미 사라진 후였어.
나는 그때부터 대륙을 떠돌며
칠리맛 쿠키을 찾고 있지.

그랬구나! 나와
처음 만났을 때도
그 얘기를 했었지.
마을의 보물을 가져간
도둑을 쫓고
있다고….

맞아!

그런데
그 도둑들은 어떻게
이렇게 먼 순례자의
길에 왔을까?

설마 우리처럼
열기구를 탔나?

바닷길로
왔을 거야.

내가
칠리맛 쿠키를
쫓기 시작한 것이
3년 전쯤이고 그들이
여기 나타난 것이
1년 전이라고
하니,

2년 동안
대륙과 바다를
떠돌다 이곳에
왔겠지.

범죄자들이
모여드는
곳이 맞네.

호밀맛 쿠키! 너희 마을의 보물은 뭐야? 보석? 황금?

아, 그건 말이지.

야아아아! 너희들~!

휘이이이

내가 날아갔는데 찾지도 않냐?

......

어서 와~.

알아서 왔잖아. 그럼 됐지.

너무하네, 정말!

비실 비실

저 날아다니는 친구는 초능력이 있는 쿠키인가?

아뇨~, 그냥 날아다니기만 하고 특별한 능력은 없어요.

자, 그럼 계속 가 볼…,

웅웅웅

어? 이게 무슨 소리지?

돌아가라!

웅 웅 웅 웅

깜짝이야!
이, 이게
무슨 소리지?

가까이 오지 마!
난 쿠키들이 싫어!

웅 웅

계곡에 사는
기술자의
목소리야!

안녕하세요!
전 용감한 쿠키라고
합니다!

웅

누가
인사하라고 했어?
어서 가!

봤지? 저렇게 쿠키를 싫어한다니까?

아, 기술자 아저씨…. 아니, 기술자 쿠키가 너무 까칠하시네.

저 기술자 쿠키가 정말로 기계를 잘 아는지 어떻게 알아요?

가까이 오지도 못하게 하는데요.

그건….

예전에 마을의 어린 쿠키가 자전거를 타고 길을 가다가 와플도마뱀을 만나 쫓기게 되었지.

으아아! 살려줘!

우르르르

파바바

그러다 이 바람 계곡까지 와서 그만 자전거가 고장 나고 말았대.

도와줘요!

카가가

그때 계곡의 기술자가 나타나서 도마뱀을 쫓아내고 자전거를 고쳐 주며 자기는 쿠키를 싫어하니 이곳으로 아무도 못 오게 해 달라고 부탁했다더군.

네?! 자전거 좀 고쳐준 거 가지고 기계를 잘 다루는지 어떻게 알아요?

고쳐 준 자전거가…, 시속 300킬로미터로 물과 땅에서 달릴 수 있고, 날개로 날아다닐 수 있는 수륙양용비행자전거가 되었거든.

헉!

우아~.

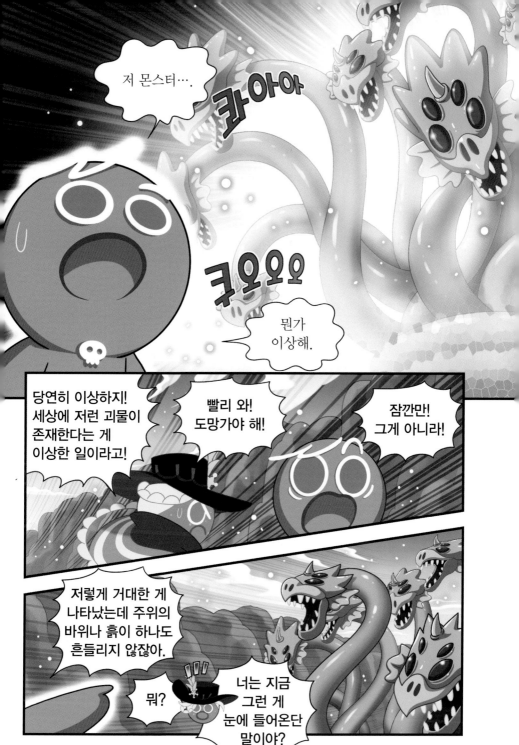

자세히 살펴보면
머리가 바위와 닿고 있는데
이상하게도 바위는
하나도 부서지지 않았어.
오히려 바위 속으로 들어가서
사라지는 것처럼 보여.

그게 대체
무슨 소리야?

그러니까
저 괴물은,

우릴 겁주려고
만든 환영이
아닐까?

뭐? 그럼
기술자 쿠키가
마법사라는 거야?

없어졌어….

이, 이럴 수가!

어떻게 된 거야?

뭐야? 홀로그램을 눈치챈 건가?

네? 무슨 소리예요? 홀로…?

아차!

기술자
쿠키!

형!

이거 진짜
환영이에요?

이것도 기술자의
놀라운 기계로
만들어 낸
것인가 보군.

굉장
하다~!

글쎄,
난 기술자보다
용감한 쿠키가 더
굉장한 것 같은데.

네?

저런
무서운 걸 보면
대부분의 쿠키가
정신이 아득해져
도망갈 궁리나
할 거야.

무서워.

저
쿠키처럼.

자네는
이상한 점을
알아채고 용감하게도
직접 확인하러
가지 않았나.

아,
그건….

자넨 정말 이름대로 용감하구먼.

하하…. 감사합니다.

맞아! 넌 진짜 용감해~. 그건 내가 인정한다!

자! 그럼 이제 계속 가 보자고! 나도 이제는 계곡의 기술자가 어떤 쿠키인지 꼭 만나 보고 싶군.

맞아요! 이제 환영 따위 무섭지 않아!

형, 아, 아니지. 기술자 쿠키! 우리 가고 있어!

…….

휘이이잉

헉! 역시!
안에 누가 있어!

당신이 이 안에서
거대한 기계를
조종하고 있는
기술자 쿠키인
거죠?

용감한 쿠키!
무슨 소리야!

그 기계가
기술자
쿠키잖아!

아니야. 이 모습이
진짜라면 자전거를
고쳐 준 쿠키는
거대한 기계라고
소문이 났을 거야.

맞죠? 안에
계신 분이 진짜
기술자 쿠키시죠?

헉!
저 높이에서
점프를?

괜찮으세요?

기술자 쿠키!

괜찮지,
그럼!

아…, 조금
부끄러운데?

너의 용기에
두 손 들었어.

난 기술자 쿠키로
불리고 있는
알로에맛
쿠키라고 해.

동굴 안에 이런 커다란 건물이 있다니!

생긴 것도 특이해! 이렇게 생긴 건 처음 봐!

위잉

헉! 문이 저절로 올라간다.

와~. 이게 다 뭐야?

박사님! 이곳은 마법 연구소인가요? 아까 봤던 그 이상한 몬스터나 움직이는 커다란 쇳덩이 모두 다 마법으로 만든 거 맞죠?

마법이라…. 그래, 이건 과학이라는 이름의 마법이야.

처음에 봤던 머리가 여럿인 몬스터는 홀로그램으로 만든 가짜였어. 자! 이걸 봐. 이게 홀로그램 워치라는 거야.

아까처럼 커다랗게 말고 작게도 만들어 낼 수 있어. 이렇게 말이야.

팟

과학은 마법같이 소수의 쿠키만이 쓸 수 있는 특별한 게 아니야. 모든 쿠키가 자유롭게 누릴 수 있는 거지.

…….

와, 그런 마법이 있다니….

박사님…, 박사님은 이곳의 쿠키가 아니시죠?

아, 역시 너는 눈치가 빠르네.

사실 나는 다른 세상에서 왔어.

예? 다른 대륙이요?

아니, 다른 세계.

그곳에서 나는 시간을 에너지로 쓰는 로봇의 개발을 하고 있었어.

시간의 물질화
실험에 실패한 순간,
시공간이 일그러지고
파장에 중첩이 일어나면서
4차원의 축에 균열이 생겼어.
그렇게 결국 다른 세계로
오게 된 거야.

?

?

마법
용어인가요?
무슨 소린지 하나도
모르겠어요.

하하, 몰라도 돼.
그나마 내 연구소까지
같이 오게 돼서
참 다행이지 뭐야.

이곳에서도
꾸준히 연구해서
원래의 세계로 돌아갈
방법도 찾았지.

아,
그랬군요.

정말
잘됐어요!

그래서 몇 시간 뒤면
다시 돌아가려 했는데
너희들이
이곳에 온 거야.

이것도
운명인가?

운명…?

마지막으로 너희들을 도우면 난 이 세계와 안녕이라는 말이지.

그 말은…! 우리들을 도와주실 거예요?

나도 이 근방에서 고블린들과 도적단이 마을을 습격해서 괴롭힌다는 건 알고 있었어.

하지만 다른 세계의 쿠키가 이곳의 일에 너무 깊게 관여하면 역사를 바꾸게 될 수도 있어서 항상 조심스러웠지.

고블린들의 기계도 본 적 있어. 나름 잘 만들었던데? 지금 이 세계의 쿠키들에게는 큰 위협이 될 거야.

그렇지만 밖의 저 커다란 쇳덩이와 환영 몬스터를 빌려주시면 금방 물리칠 것 같은데요?

그건 안 돼!
여기와 너무 다른 수준의
과학 문명이 나타나면
이 세계에는 혼란이 일어날 거야.
그러니 나는 이곳의
수준에 맞는 기계로
너희들을
도와줄 수밖에 없어.

용감한 쿠키!
너의 현명함과
용기에 감동
했기 때문에
도와주는 거야!

정말
고맙습니다!

단! 나에 대한
모든 것은 비밀이야.
누구에게도
말하면 안 돼!

맹세할 수
있어?

물론이죠! 이곳에는
털북숭이에 성질 나쁜
기술자가 살고 있었는데
고향으로 돌아가
버렸다고 말할게요.

음…, 아니,
그렇게까지는….
털북숭이는 좀
빼지 그래?

아니다.
그건 알아서
하고.

자, 그럼 너희들을 도울 기계를 만들어 볼까? 한 시간 정도면 될 거야.

만능 3D 프린터

한 시간 이요?

와~.

고릉 고릉

이런 과학의 놀라움을 누구나 누릴 수 있는 박사님의 세계에서는 모두가 행복하겠죠?

…글쎄?

사실 쿠키가 사는 곳은 다 똑같지. 다른 곳의 행복을 부러워하기 보다는,

자기가 있는 곳을 행복하게 만들 생각을 해 봐. 행복은 주어지는 게 아니라 스스로 만들어 가는 것이니까.

아, 거참! 되게 시끄럽네! 우리 지금 버섯 수프 끓이고 있거든? 근데 버섯이 모자란 것 같아!

이 말이 무슨 뜻이냐! 더 떠들면 버섯 수프의 재료로 만들어 준다는 뜻이야!

깜짝

버섯을 먹다니! 야만적이야아!

처음부터 날 버섯 수프로 만들려고 데려온 거였지?

히이잉

야! 너같이 맛없게 생긴 버섯을 왜 먹냐? 걱정 마셔! 네 친구들이 금화를 가져오면 바로 내보내 줄 테니까.

떡

나를 구하러 올 리가 없잖아아아아~!

엉엉

친구 아니야~. 만난 지 얼마 되지도 않았어~.

그래? 그럼 나에게 '칠리맛 쿠키'라고 외친 쿠키에 대해서도 잘 몰라?

모자를 쓰고 쌍권총을 다뤘지.

그 쿠키의 이름이 호밀맛 쿠키라는 것 빼고는 아무것도 몰라.

호밀맛 쿠키?!

호밀이라…. 이거 재밌어 지겠네~.

뭐, 널 찾으러 오면 그때 제대로 알아봐야겠군.

내 말을 뭘로 들은 거야아~! 안 온다니까?

날 구하러 올 쿠키는 아무도 없다고오!

잘 가져왔군. 으흐흐~.

이제 독버섯맛 쿠키를 내려보내! 그럼 나는 금화를 여기에 놓고 갈 테니까.

알았다.

자, 타라고!

기이잉

앗!

위이잉

철커덕

용감한 쿠키이….

…….

다다다

알로에맛 쿠키의 말이 맞았어!

악당들이 돈을 준다고 순순히 인질을 풀어 주진 않을 거야. 그래서 만든 것이지.

3D 프린터

이건 금화 잖아요!

이게 다 얼마지?

이건 금화 모양을 한 폭탄이야.

예? 폭탄을 쓴다고요? 쿠키가 아니라도 누구든 다치는 건 싫어요.

걱정 마! 이건 연막탄 이니까.

하나가 터지면 연쇄반응으로 모두 터질 거야.

연기 때문에 아무것도 안 보이는 상황이 될 거야. 그때 이 안경을 쓰도록!

다다다

드디어 잡았다…!

제법이군!

칠리맛 쿠키….

우리 마을을 왜 불태운 거냐?

호밀 마을 말이군.

그야 물론….

우릴 쫓아오지 못하게 하려고 한 거지.

이 무자비한 녀석! 그럼 우리 마을의 보물은 어디 있어?

아, 그거?

도둑맞았어. 그 쿠키한테 털렸다고.

뭐? 무슨 소리야?

너희들이 도둑이잖아!

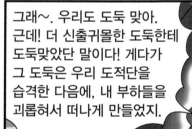

그래~. 우리도 도둑 맞아. 근데! 더 신출귀몰한 도둑한테 도둑맞았단 말이다! 게다가 그 도둑은 우리 도적단을 습격한 다음에, 내 부하들을 괴롭혀서 떠나게 만들었지.

덕분에 이제 내 부하들은 넷 밖에 안 남았어!

도대체 뭐라고 떠드는 거야, 칠리맛 쿠키? 네놈이 대륙에서 가장 악명 높은 도둑이잖아!

흥, 칭찬은 고맙다.

칭찬 아니야!

호밀맛 쿠키라고 했나? 우리가 이 먼 순례자의 길까지 왜 왔겠어?

그야! 이곳이 범죄자들이 살기 좋은 곳이니까 도망왔겠지.

아니야! 대륙에서 숨어 살려면 충분히 살 수 있었어. 우리가 이곳에 온 건….

호밀 마을의 보물을 훔치고 우리 도적단도 망하게 한 쿠키를 쫓아온 거다.

그 녀석이…, 이 세상에서 가장 귀한 것을 훔치겠다며 이곳으로 왔거든. 이번엔 우리가 먼저 그걸 훔칠 거야.

그 녀석이 대체 누군데?!

그 쿠키는….

쿠 쿠 쿠

아! 이제 준비가 됐나.

너 제정신이냐?
그런 사탕 막대기를
강철 톱니바퀴에 꽂으면,

당연히
부러…!
어라?!

우리들도 왔어! 도망가던 도적단과 고블린 잔당들을 잡았지.

여기도 이미 상황이 끝났군.

와아! 보안관맛 쿠키, 대단해요!

고블린 두목! 예전에 우린 나름대로 괜찮은 이웃이었어. 근데 왜 갑자기 도적단으로 돌변한 건가?

크윽….

그건 다 이 빨간 머리 녀석 때문이다!

이 녀석이 우릴 꼬드겼다고!

내, 내가 뭘?

우리는 땅속의 금광을 찾으며
사는 삶에 만족하고 있었다고!
근데 저 녀석이 나타나
유적지 너머에 있는
세상에서 가장 귀한 보석을
같이 찾자고 했어.
세상을 지배할 힘을 주는
보석이라면서 말이야!

!

영혼의
보석이라나
뭐라나~!

여,
영혼의 보석?
소울잼?

그게 정말이야?
네가 어떻게
소울잼을 알아?

아무튼, 소울잼인지
영혼의 보석인지를
찾으러
유적지로 갔는데,

그곳엔 진짜
무시무시한
몬스터가 있었어.

그 몬스터를 물리치려면 더 크고 강력한 기계가 필요했어. 그래서 쿠키 마을의 은행을 털기 시작한 거야.

아니, 그런….

너무 자세히 말하는 거 아냐?

야! 빨간 머리 두목! 아니, 칠리맛 쿠키!

너 도대체 정체가 뭐야?

파

스르르륵

!

?

헉

5화 두건 안의 진실

두건 안의 진실 ◆ 125

정말요?
뱀파이어맛 쿠키는
자기 동생이
힘만 무시무시하게 세고
엄청 사납다고 했는데
보기에는 전혀
그렇지 않네요!

너무 귀엽고
예의 바른
쿠키인
걸요?

어휴, 진짜….
제 얘기를
그렇게 하고
다녔군요.

그런데
암벽 지대를
지나기가 쉽지
않을 텐데….

힘든 걸
제일 싫어하는
오빠가 그런
곳을 간 게
믿어지지
않아요.

그들은
열기구를 타고
갔거든요.

왕국에 하나
남은 거였죠.

그랬군요.

암벽 지대,
열기구…. 그리고
바닐라 성소라….

이게 어떻게 학이에요? 찌그러진 펭귄 같아요!

이 멋진 종이학에는 절대 안 태워줄 테니 걸어가든 기어가든 알아서 하렴, 약장수 꼬맹이야.

조금 창피한데요.

찰스야, 빨리 타!

그런 휴지조각 같은 종이학은 타라고 해도 안 타네요!

어쭈, 이걸 보고도 그런 말을 할 수 있을까?

헉! 감초맛 쿠키 님. 그건….

뭐야? 연금술로 만든 시약 아니야?

꼬마야! 우린 연금술 취급 안 한다니까? 이건 너희들은 상상도 못할 마법의 결정체야!

이 검은 젤리를 개미 눈곱만큼 이 종이학에 떨어뜨리면…!

똑

똑

연금술사맛 쿠키와
감초맛 쿠키 일행이
사이좋게(?) 암벽 지대를
지나가던 그때….

뽀… 뽐내기맛
쿠키?

너!
칠리맛 쿠키가
아니었어?

크하하하! 맞다!
내가 바로 그
칠리맛 쿠키야!

와!
절 부하로
받아 주세요!

저도요!

그래서 칠리맛
쿠키라 속이고
도적단을 만들어서
신나게 휩쓸고
다녔는데….

호밀 마을을
습격한 후
진짜 칠리맛 쿠키가
우리를 쫓고 있다는
소릴 들었어.

두려웠어!
칠리맛 쿠키
흉내를 내면서
나쁜 짓을 많이
했으니….

그래서 우리가
먼저 칠리맛 쿠키를
공격하기로 했어.
어렵게 찾은 칠리맛 쿠키에게
몰래 다가갔을 때,
그는 어떤 쿠키와
대화를 하고 있었지.

그 쿠키와 이야기하느라 방어에 허술해진 틈을 타 우리 도적단 수십 명이 칠리맛 쿠키에게 달려들었어.

그 와중에 다른 쿠키는 정신을 잃고 쓰러졌고….

우리는 칠리맛 쿠키를 공격하기 위해 쫓았지만, 너무 빨라서 잡을 수가 없었어.

결국 놓치고 말았는데, 악몽은 그다음부터였지.

자고 일어났더니…,

깩!

부하들이 입고 있던 옷까지 홀랑 털어갔더라고.

우리 옷이 어디 간 거야?

······!

호밀 마을의 보물까지 가져갔어.

뭐?!

칠리맛 쿠키는 우리를 집요하게 괴롭혔어.

도적단의 생필품까지 훔쳐갔지.

또 털렸어.

다시 옷을 사 입어도 하룻밤 새 다 없어졌지. 우리가 도둑질한 것도 훔쳐서 원래 주인에게 돌려줬고….

휭

이게 뭐냐고~.

그런 일이 반복되니 부하들도 하나씩 떠나가더군. 결국 네 명 밖에 남지 않았을 때!

내 이름을 팔고 다니는 건 상관 안 해. 그래도 비열한 짓은 하지 말아야지! 네가 훔친 건 주인에게 돌려줬어. 하나만 빼고.

오밀 마을의 보물은 내가 좀 더 쓸 일이 있거든.

비열한 짓…?

복수? 마음대로 해!

용서 못 해! 복수할 거다!

이 세상에서 가장 귀한 보석을 훔치러 갈 거야.

하지만 난 곧 떠날 거거든.

소원을 이뤄 주는 꿈의 보석이라더군. 영혼의 보석, 소울잼….

파아

?!

난 그걸 찾아 떠날 거야! 안녕!

그 뒤로 알아 보니, 소울잼이라는 보석이 실제로 있고, 그걸 손에 넣으면 이 세상의 모든 걸 가질 수 있다고 하더군.

칠리맛 쿠키의 목적지가 영웅의 관문 이라는 걸 알아낸 우리는 칠리맛 쿠키에게 복수하기 위해 먼저 이곳에 와서 소울잼을 차지하려고 한 거야.

근데 막상 와 보니, 칠리맛 쿠키의 행방은 알 수 없고, 영웅의 관문의 길목에는 몬스터들이 우글거렸어! 그래서 고블린을 꼬드겨서 가려고 한 거야.

뭐?!

이걸 그냥!

그랬단 말이야…?

난 지금까지 칠리맛 쿠키를 오해하고 있었구나….

마을의 복수를 하겠다고 열심히 추적했는데…, 내가 쫓은 게 이런 바보 쿠키였다니.

남의 흉내나 내는 한심한….

칫.

호밀맛 쿠키….

그렇게 칠리맛 쿠키의 흉내를 내던 뽐내기맛 쿠키와 도적들은 보안관맛 쿠키에게 잡혀가고,

그동안 미안했다. 은행에서 훔쳤던 거 다 돌려줄게.

고블린들도 다시 예전으로 돌아가 쿠키들과 평화롭게 살기로 다짐했다.

순례자의 마을

이제 어떻게 할 거야, 용감한 쿠키?

소울잼이 있다는 영웅의 관문으로 가야지.

몬스터가 있다는데 어쩌려고~.

그런 게 무서워서 멈출 거였으면 여기에 오지도 않았을 거야.

역시 용감한 쿠키는 그렇게 말할 줄 알았어.

나도 이제 소울잼이 있는 곳으로 가야 할 이유가 생겼어.

칠리맛 쿠키를 만나고 싶어. 마을의 보물도 돌려받아야 하고 말이야.

그런데 너희들, 바닐라 성소가 원래 목적지 아니었어?

맞아요. 그렇지만 성소가 어디에 있는지 아무도 몰라서요….

바닐라 성소…?

아, 황설탕 노움 님!

바닐라 성소는…, 아마 영웅의 관문 너머에 있을 걸세.

예?

정말요?

우리 노움들에게 전해 내려오는 기록서에 의하면…,

사실 이 넓은 땅 전부는…!

온 대륙을 뒤덮었던
암흑 전쟁이 끝난 후,
전쟁 중에 전사한 수많은
영웅들을 기리기 위해
만든 것이 영웅 던전이라네.
영웅의 관문은
던전으로 가는 입구라고
기록서에 나와 있지.

하지만
거기에 뭐가 있는지,
몬스터의 정체는 무엇인지
아무것도 밝혀진 게
없어.

두근
두근
두근

왜, 왜 이러지….
가슴의 두근거림이
멈추지 않아.

용감한 쿠키!
왜 그래?

아… 아니야.
우리 지체하지 말고
당장 떠나자!

정말 고마웠어! 꼭 마을에 다시 들려 줘~!

네, 고독한맛 쿠키! 모두들 안녕히 계세요~.

그렇게 영웅의 관문으로 떠나는 용감한 쿠키 일행.

아쉽다~. 드릴 머신을 가져가면 좋을 텐데. 몬스터랑 싸울 때 아주 유용했을 거라고.

안 돼. 영웅의 관문으로 가는 길엔 고대 유적지가 있다잖아.

드릴 머신은 주위 환경을 너무 많이 파괴하게 돼.

넌, 참~! 이 상황에서도 그런 걱정이야?

근데, 아까부터 뭔가 허전하지 않아?

응?

뭐가…?

깜짝!

레벨업 퀴즈 ①

용감한 쿠키가 독버섯맛 쿠키를 구한 과정을 〈용감한 킹덤일보〉에 제보하려고 합니다. 아래의 그림과 설명, 3화의 내용을 잘 보고 순서대로 나열해 보세요.

논리력

1

가자! 독버섯맛 쿠키!

앞이 안 보여어어~.

용감한 쿠키가 연막탄이 터지는 가운데 독버섯맛 쿠키의 손을 잡고 도망치려 한다.

2

우리가 왔다!

용감한 쿠키와 독버섯맛 쿠키가 위기에 처한 순간, 커스터드 3세맛 쿠키와 호밀맛 쿠키가 드릴머신을 타고 나타났다.

3

나를 구하러 올 리가 없잖아아아~!

감옥에 갇힌 독버섯맛 쿠키는 다른 쿠키들이 자신을 구하러 올 리가 없다는 생각에 울고 있다.

4

아!

옷을 안 입고 다니는 쿠키랍니다.

이상한 막대기를 들고 있던

도적단의 부하가 빨간 머리 쿠키에게 누군가가 아지트로 왔다고 알리고 있다.

(   ) – (   ) – (   ) – (   )

빨간 머리 쿠키를 탈출시키려는 고블린들과 그것을 막으려는 용감한 쿠키 일행은 치열한 전투를 벌였다. 열심히 싸웠으나 여러 개의 고블린 밤을 맞고 기절한 용감한 쿠키가 깨어나 알게 된 것은 독버섯맛 쿠키의 납치 소식이었다. 독버섯맛 쿠키를 구하기 위해서는 마을의 금화를 모두 가지고 고블린들의 아지트인 슈가프리로드로 가야 한다.

① 고블린들은 은행을 털기 위해 마을을 습격했다.

② 고블린이 던진 폭탄, 고블린 밤은 마을의 대부분의 쿠키를 기절시켰다.

③ 독버섯맛 쿠키가 풀려나는 조건은 마을의 금화를 모두 가지고 슈가프리로드로 가는 것이다.

④ 슈가프리로드에는 마을의 모든 쿠키들이 함께 가야 한다.

레벨업 퀴즈 ③

①과 ③의 그림을 보고, ②에 들어갈 수 있는 이야기를 자유롭게 써 보세요.

창의력

이럴 수가! 드릴 머신이 공중에 들렸잖아!

2

쿠웅

됐어!

레벨업 퀴즈 ④

순례자의 마을을 습격한 고블린 도적단!
A그림과 B그림을 비교하고 다른 곳 7군데를
찾아 보세요.

집중력

용감한 킹덤일보 5호

✥ 책 속 이벤트 ✥

정확한 계산 능력과 집요한 관찰력만 있다면 당신도 할 수 있다?!

연금술이 최고야!

최근 용의 언덕에서 순례자의 길로 향하는 하늘 길에서 발견되어 쿠키 세계를 들썩이게 했던 로켓 당근이 사실은 변종 당근이 아닌 이 '학문'으로 탄생한 발명품인 것으로 밝혀졌습니다.

익명을 요구한 이 '학문'의 관계자는 마법과는 다른 심오함과 정확한 계산, 집요한 관찰력으로 이 세상에 존재하지 않는 새로운 것을 만들어 낼 수 있다며 이 '학문'의 매력을 뽐내기도 했습니다.

뱀파이어맛 쿠키의 가족으로 알려졌으며, '그 분'을 따르는 것으로 알려진 감○맛 쿠키와 설전을 벌인 것으로 유명한 쿠키가 사랑하는 이 '학문'의 이름은 무엇일까요?

정답을 맞히면 푸짐한 선물 있다고 전해져….

정답을 맞혀 **[용감한 킹덤일보]**에 제보해 준 독자 **15명**을 뽑아 선물을 드립니다.

▲쿠키런 킹덤 1000크리스탈 쿠폰 2개(10명)

▲용감한 쿠키 말랑 인형(5명)

◆ **참여 방법** ① 카카오톡 채널에서 '서울문화사 어린이책' 채널 추가한다.
② 이벤트 기간 동안 [용감한 킹덤일보 5호] 게시글을 읽는다.
③ [용감한 킹덤일보 5호] 링크를 누르고 질문에 답한다.

◆ **이벤트 기간** 2022년 3월 3일 ~ 2022년 3월 23일까지

◆ **당첨자 발표** 2022년 3월 29일
(서울문화사 어린이책 공식 카카오톡 채널에서 게시글 공지)

※실제 상품은 이미지와 다를 수 있습니다.

✤ 킹덤 일보가 만난 쿠키 ✤

순례자의 길에 홀로 사는 쿠키의 정체!
"두건의 표시는 그가 바다로 가라앉힌 쿠키의 수"?!

최근 순례자의 길에서 여러 사건 사고를 일으키며 많은 쿠키들을 공포에 떨게 한 빨간 머리 도적단이 용감한 쿠키 일행에 의해 소탕됐다고 합니다.

그로 인해 대단한 활약을 한 용감한 쿠키 일행의 조력자인 고독한맛 쿠키 또한 화제의 중심이 되고 있는데요. 일각에서는 커다란 그의 체구와 두건에 그려진 무늬를 보고 '어둠의 세계에서 쿠키들에게 나쁜 짓을 하던 쿠키가 아니냐'라는 반응이 나오고 있습니다.

하지만 취재 결과, 두건의 작대기 다섯 개는 그가 임시 보호했다가 자연으로 돌려보낸 동물의 수인 것으로 밝혀져 쿠키들의 가슴을 따끈따끈하게 만들고 있습니다.

세월의 흔적이 묻어있는 고독한 맛 쿠키의 두건에는 어쩐지 무시무시한 사연이 담겨 있을 것 같다.

✤ 레벨업 퀴즈 정답 ✤

퀴즈 ❶

③-④-①-② 아무도 자신을 구하러 오지 않을 거라는 생각에 울고 있던 독버섯맛 쿠키는 누군가 왔다는 도적단의 얘기를 듣게 되고 곧 용감한 쿠키와 함께 탈출하게 된다. 위기의 순간, 호밀맛 쿠키와 커스터드 3세맛 쿠키의 드릴 머신이 등장한다.

퀴즈 ❷

③. 도적단이 독버섯맛 쿠키를 인질로 잡아 데려가기 전, 마을의 금화를 모두 모아 슈가프리로드로 오라고 말하고 사라졌다.

퀴즈 ❹

초판 1쇄 발행 2022년 2월 20일
초판 3쇄 발행 2024년 5월 3일

글 김강현
그림 김기수
발행인 심정섭
편집인 안예남
편집팀장 이주희
편집 김이슬
제작 정승헌
브랜드마케팅 김지선
출판마케팅 홍성현, 경주현
디자인 디자인 레브

발행처 ㈜서울문화사
등록일 1988년 2월 16일
등록번호 제2-484
주소 서울시 용산구 새창로 221-19
전화 02-799-9168(편집) | 02-791-0752(출판마케팅)

ISBN 979-11-6923-118-3
ISBN 979-11-6438-804-2 (세트)

Copyright © Devsisters Corp. All rights reserved.

본 제품은 데브시스터즈㈜와의 정식 라이선스 계약에 의해 ㈜서울문화사에서 제작, 판매하는 것으로
데브시스터즈㈜의 허락 없이는 어떠한 경우에도 무단 복제 및 판매를 금합니다.

잘못된 제품은 구입하신 곳에서 교환해 드립니다.

kumhong*

금홍팬시
쿠키런 킹덤 문구출시!

CookieRun
KINGDOM

쿠키런 킹덤 문구제품은
전국 이마트에서 만날 수 있어요~

다양한 품목의
문구제품을 만나보세요.

©Devsisters Corp.

쿠키런 COOKIERUN

서바이벌 대작전 40

바다 한가운데서 우연히 박하사탕맛 쿠키를 만나게 된 용감한 쿠키 일행은
함께 해적맛 쿠키를 쫓기로 한다. 한편, 바다 밑으로 들어간
해적맛 쿠키 일당의 눈앞에는 엄청난 광경이 펼쳐져 있었는데…!

과연 이 깊은 바닷속에서 어떤 일들이 벌어지고 있는 것일까?

©Devsisters Corp.
문의전화: 02)791-0753 (㈜)서울문화사

국어 실력을 높여 주는 어휘 학습 만화

〈쿠키런 킹덤 전설의 언어술사〉
3권 대출간

국어 자신감, 용쿠가 찾아 줄게!

재미있는 만화를 통해
즐겁게, 자연스럽게 상황에 맞는
정확한 어휘를 배운다!

글 **전판교** 그림 **정수영** 콘텐츠 · 감수 **이선희** 값 13,000원

출간 기념 특별 이벤트

초판 한정
'언어 카드 20장'
증정

푸짐한 '책 속 이벤트'
선물 증정

(자세한 이벤트 내용은 책 속에서 확인하세요!) ~2022/3/14

> 66 이 책은 어휘학습만화로 내용 속에 사자성어, 고사성어, 관용어, 속담을 재미있게
> 담고 있어서 읽다보면 자연스럽게 三力(이해력, 표현력, 독해력)을 키울 수 있습니다. 99
> – 성균관대 명예교수, 2021 대한민국 교육대상 수상 〈속뜻사전〉 저자 전광진 –

©2022 Devsisters Corp. All Rights Reserved

구입문의 : 02-791-0752(출판마케팅) 서울문화사